AF494089

HOMELIE XXI.

POUR LE VINGT-QUATRIÉME DIMANCHE D'APRES LA PENTECÔTE.

SUR LE JUGEMENT DERNIER.

Par M. le Curé de S. Sulpice de Paris.

A PARIS,
Chez RAYMOND MAZIERES, ruë S. Jacques, prés la ruë du Plâtre, à la Providence.

M. DCCVII.
AVEC APPROBATION ET PRIVILEGE DU ROY.

TEXTE DU SAINT EVANGILE

SELON SAINT MATHIEU.

EN ce temps-là : Jeſus dit à ſes Diſciples : Quand vous verrez dans le lieu ſaint l'abomination de la deſolation, prédite par le Prophete Daniel, que celuy qui lit l'entende : alors que ceux qui ſont dans la Judée s'enfuyent dans les montagnes : que celuy qui eſt ſur le toit, ne deſcende pas pour prendre quelque choſe dans ſa maiſon : que celuy qui eſt aux champs ne revienne pas prendre ſon veſtement ; mais malheur aux femmes enceintes, & aux nourrices en ces jours-là. Priez Dieu que vôtre fuite n'arrive point en hiver, ny au jour du Sabbat. Car alors il y aura une grande affliction, & telle que depuis le commencement du monde jusques à cette heure, il n'y en a point eu, & n'y en aura jamais de semblable: & si ces jours-là n'eussent été abregez, il n'y eût eu personne de sauvé ; mais ces jours-là seront abregez à cause des Elus. Alors si quelqu'un vous dit : le Christ est icy, ou il est là, ne le croyez pas : car il s'élevera de faux Christs, & de faux Prophetes, & ils feront de grands signes & de grands prodiges ; de sorte que les Elus mêmes, si cela se pouvoit faire, en seroient seduits. Or je vous l'ay dit avant qu'il arrivât : si donc ils vous disent : le voilà dans le desert, n'y allez pas : le voilà dans des lieux retirez, n'en croyez rien ; Car de même que l'éclair part de l'Orient, & paroît jusqu'à l'Occident, il en sera de même de l'avenement du Fils de l'homme : en quelque lieu que soit le corps, là aussi s'assembleront les aigles : aussitôt aprés ces jours-là, le Soleil s'obscurcira, & la Lune ne rendra point sa lumiere, les Etoiles tomberont du Ciel, & les Puissances des Cieux seront ébranlées ; & alors le signe du Fils de l'homme paroîtra dans le Ciel, & en ce moment toutes les tribus de la terre pleureront : & elles verront venir le Fils de l'homme dans les nuées du Ciel avec une grande puisſance, & une grande majeſté : & il envoyera ſes Anges avec une trompette, & un ſon éclatant, & ils aſſembleront les Elus des quatre coins du monde, depuis une extremité du Ciel juſqu'à l'autre. Apprenez cecy par une comparaiſon priſe du figuier : ſi-tôt que les branches en ſont tendres, & qu'il a pouſſé ſes feuilles, vous connoiſſez que l'eſté s'approche : ainſi lorſque vous verrez toutes ces choſes, ſçachez que le Fils de l'Homme eſt proche, & qu'il eſt à la porte : en verité je vous dis, que cette generation ne paſſera point, que toutes ces choſes n'arrivent. Le Ciel & la terre paſſeront, mais mes paroles ne paſſeront point.

Mat. ch. 24. v. 15.

LE MÊME TEXTE,

SELON SAINT LUC.

EN ce temps-là : Jeſus dit à ſes Diſciples : il y aura des ſignes dans le Soleil, dans la Lune & dans les Etoiles, & ſur la terre les peuples ſeront effrayez par des bruits horribles de la mer & des flots ; les hommes ſechant de crainte, dans l'attente de ce qui devra arriver à tout l'univers ; car les puiſſances des Cieux ſeront ébranlées, & alors ils verront venir le fils de l'homme dans une grande nuée avec une grande puiſſance & une grande majeſté : Quand ces choſes-là commenceront, ouvrez les yeux, & levez la tête, parce que vôtre redemption s'approche.. *Luc Chap*. 21. *v*. 25.

HOMELIE VINGT-UNIEME SUR LE IUGEMENT DERNIER.

EGLISE nous proposant deux fois de suite l'histoire formidable du Jugement general, ne le fait sans doute, mes tres-chers Freres, que pour des raisons importantes, & qu'il est bon d'aprofondir, & de mediter. Car premierement rien n'est plus puissant pour empêcher l'homme d'offenser Dieu que cette salutaire pensée : Qui ignore l'avis du Sage ? souvenez-vous, mon cher fils, de vos dernieres fins ; & vous ne pecherez jamais : *memorare novissima tua, & in æternum non peccabis.*

2°. En second lieu, cette terrible verité bien exposée, effraye l'impie : Felix, tout idolatre qu'il fût, trembla écoutant l'Apôtre parler sur ce sujet : *disputante illo de judicio, tremefactus Felix.* Les Ninivites épou- *Act. 24. 25.*

ventez par une ſemblable predication, firent une penitence pleine de terreur, dit le Concile; *plenam ter-*
.14. c.4. *roribus pœnitentiam egerunt* : & un Roy infidele & ſuperbe, à la vuë d'un tableau qui repreſentoit cette étrange cataſtrophe, ſe convertit à la foy avec tout ſon peuple. L'image que la foy nous en trace dans l'eſprit, ne prévaudra-t-elle pas à une vaine peinture?

3°. Troiſiemement, elle dompte l'opiniâtreté de l'heretique rebelle & inflexible : ſaint Auguſtin pour lors Manichéen, ne put jamais l'effacer de ſon cœur, & peu à peu elle aida extremement à le retirer de ſes egaremens, & de ſon libertinage : rien ne me retenoit au milieu du profond abîme de vices, où j'eſtois plongé, dit ce grand Saint, *nihil me revocabat*
c. 6. 16. *à profundiore voluptatum carnalium gurgite* : ſi ce n'eſt la crainte de la mort, & du Jugement dernier, *niſi metus mortis, & futuri judicii tui* : laquelle malgré ce labirinthe d'erreurs ou je me perdois, ne put jamais s'effacer de mon cœur. *Quæ quidem per varias opiniones, umquam tamen de pectore meo receſſit.*

4°. En quatriéme lieu elle donne des mouvemens ſinceres de penitence, & ſaint Paul pour convertir les pecheurs, ne trouvoit rien de plus fort à leur propoſer que cette doctrine: c'eſt à preſent, diſoit-il aux Atheniens, que le Seigneur fait annoncer à tous les
Act.17.30 hommes qu'ils ayent à ſe convertir : *& nunc annuntiat hominibus, ut omnes ubique pœnitentiam agant* : parce que le grand & dernier jour s'aproche auquel il doit juger l'univers : *eo quod ſtatuit diem in quo judicaturus eſt orbem in æquitate.*

5°. Cinquiemement

5°. Cinquiémement, cela excite les ames tiedes & nonchalantes à ſortir de la langueur, en les effrayant : Ne craignez point, mes chers amis, ceux qui ne peuvent vous ravir que la vie du corps : *dico autem vobis amicis meis, ne terreamini ab his qui occidunt corpus, & poſt hęc non habent amplius quid faciant*, dit le ſouverain Juge luy-même : mais je vas vous apprendre celuy que vous devez craindre : *oſtendam vobis quem timeatis* : Craignez, craignez celuy qui peut aprés vous avoir donné la mort, vous envoyer corps & ame dans les enfers : *Qui poſtquam occiderit, habet poteſtatem mittere in gehennam* : ouy, c'eſt celuy-là que vous devez craindre : *ita dico vobis, hunc timete.*

6°. Sixiémement, elle purifie les plus ſaints, en les allarmant ſur le compte rigoureux qu'il faudra rendre au Tribunal de juſte Juge : Seigneur, diſoit le Prophete effrayé, ma chair a été percée de crainte dans la vuë de vos Jugemens : *Confige timore tuo carnes meas, à judiciis enim tuis timui.* Que feray-je, s'écrioit le bien-heureux homme Job, quand le Seigneur viendra juger la terre, & que luy répondray-je quand il m'interrogera ? *Quid faciam cùm ſurrexerit ad judicandum Deus ? & cùm quæſierit, quid reſpondebo illi ?*

7°. Ajoutons à ces pieuſes penſées ce que ſaint Bazile nous dit ſur ce ſujet dans l'Office d'aujourd'huy : lorſque la tentation d'offenſer Dieu voudra s'emparer de vôtre eſprit, mon cher frere : *cùm te appetitus peccandi invaſerit*, repreſentez-vous un peu, je vous prie, cet effroyable & terrible tribunal, dans lequel, comme dans un Thrône élevé, le Juge ſupreme ſera aſſis :

Velim cogites horribile illud & intolerabile Tribunal Christi, &c. devant qui toute la nature effrayée comparoîtra : *adstabit autem omnis creatura ad gloriosum illius conspectum contremiscens* ; Pour y rendre compte de tout ce qu'on aura fait en cette vie : *adducendi etiam nos sumus rationem reddituri , &c.* Representez vous encore cette troupe affreuse de demons , dont la figure hideuse , & l'effroyable laideur , jointes au feu , & à la fureur qui rejaillit de leur visage , miroir terrible de leur haine implacable contre le genre humain ; de leur tristesse , & de leur envie, de le voir appellé au bonheur éternel qu'ils ont perdu , peuvent sans doute glacer de crainte les plus intrepides : *mox terribiles quidam & deformes Angeli , igneos vultus præ se ferentes , atque ignem spirantes , acerbitatem ostendentes propter mærorem & odium in humanum genus* : Imaginez-vous encore , l'abîme sans fonds de l'enfer ; ces tenebres épaisses ; ce feu sans lumiere ; ce ver rongeur qui devore sans cesse le cœur des réprouvez , sans jamais se rassasier : *ad hæc cogitate profundum baratrum , inextricabiles tenebras , ignem carentem splendore : deinde vermium genus venenum immittens , carnem vorans , inexplebiliter edens , &c.* & servez-vous de l'image épouventable d'un tel spectacle comme d'un frein salutaire , pour vous contenir dans les bornes de la justice : *hæc time , & hoc timore correptus , animam à peccatorum concupiscentia , quasi freno quodam cohibe.*

8°. Mais de plus sçachez que si l'Eglise nous parle du Jugement general le premier & le dernier Dimanche de son année , c'est pour nous apprendre que si le premier jour de l'univers fut celebre par le jugement des Anges, le dernier jour ne le ſera pas moins par le jugement des hommes : & que le Seigneur a voulu mettre la crainte au commencement & à la fin de ſes ouvrages, pour en être la gardienne fidelle, & menaçante, afin d'intimider les pecheurs : *Conſideremus Dei admirabilem operum diſpoſitionem*, dit un Pere, *qui quaſi æditinum terribilem poſuit timorem, ad cuſtodiendum introitum, & exitum operum ſuorum.* D'ailleurs, comme il y a deux avenemens de Jeſus-Chriſt, l'un dans l'humiliation, l'autre dans la gloire ; qu'il y a deux jugemens, l'un particulier à l'heure de la mort, & l'autre general à la fin du monde ; & que l'homme eſt compoſé de corps & d'ame, qui tous deux ont été les inſtrumens de ſes crimes, & de ſes bonnes œuvres, & par conſequent qui doivent eſtre l'un & l'autre ou punis, ou recompenſez ; il a été tres à propos de faire de ces deux ſujets ſi importans, le double objet de vos reflexions.

Au reſte pour ne donner point lieu aux fictions de l'eſprit humain, ny aux exagerations de l'éloquence, nous rapporterons uniquement icy ce que l'Ecriture nous apprend du Jugement dernier, voulant même nous abſtenir de ce que nous en ont dit de plus au long les Peres, afin de nous renfermer dans ce qu'il a plu au Seigneur de nous en reveler luy-même dans les livres ſaints, & d'imiter en cela les Apôtres, qui dans l'Evangile d'aujourd'huy dirent à Jeſus-Chriſt : Seigneur, découvrez-nous quand arriveront ces choſes : *Præceptor, dic nobis quando hæc erunt* : & quels seront les signes de vôtre avenement, & de la fin du monde ? *& quod signum adventûs tui, & consummationis sæculi.*

PREMIERE CONSIDERATION.

La fin du monde.

Le premier signe des approches du grand jour du Jugement, & de la fin du monde, sera une commotion universelle & generale de tous les hommes, qui s'éleveront les uns contre les autres, car on n'entendra parler de tous côtez que de guerres, de combats, de batailles, de seditions : *bella, prælia, seditiones* : Les Nations s'armeront contre les Nations, & les Royaumes contre les Royaumes : *Surget gens contra gentem, & regnum adversus regnum.* Les Provinces seront ravagées, les Villes ruinées, les Temples démolis, les Edifices abbatus ; ce ne sera partout que trahisons, que conspirations, que meurtres, que carnage, qu'assassinats, que cruautez : & le sang humain ruissellera de toutes parts en abondance : le frere livrera le frere à la mort, & le pere le fils ; les enfans se souleveront contre leurs peres & leurs meres, & les feront mourir : *tradet autem frater fratrem in mortem, & pater filium, & consurgent filii in parentes, & morte afficient eos.* Les méchans prévaudront contre les bons ; l'autorité legitime sera violée impunément ; les loix divines & humaines foulées aux pieds ; la justice méprisée, & les hommes animez d'une aveugle fureur, ne chercheront qu'à s'entredétruire, & qu'à se tuer les uns les autres sans compassion ny misericorde, & sans crainte des châtimens temporels, ni éternels.

Que si à la destruction du monde visible & prophane, on jette les yeux sur le bouleversement du monde spirituel, ou de l'Eglise & de la Religion : quel nouveau sujet d'épouvente & d'horreur !

En effet il y aura des impies qui pour lors s'éleveront, & se mocqueront de l'esperance & de la foy des Chrêtiens : sçachez avant toutes choses, dit l'Apôtre saint Pierre, qu'aux derniers temps, il viendra des imposteurs qui pour favoriser leurs convoitises déreglées, & pour pecher avec moins de remords, & étouffer en eux-mêmes & dans les autres la crainte des jugemens de Dieu, diront en parlant de Jesus-Christ : Qu'est devenuë la promesse de son second avenement ? on assuroit qu'il devoit venir changer toutes choses, juger le monde, reparer l'univers, faire de nouveaux Cieux, & une nouvelle Terre ? *Hoc primum scientes quòd venient in novissimis diebus in deceptione illusores, juxta proprias concupiscentias ambulantes, dicentes: ubi est promissio, aut adventus ejus?* Ne voyons nous pas que depuis la mort de nos Peres qui nous ont annoncé ce Jugement si fameux, toutes choses sont demeurées au même état où elles étoient auparavant, comme elles y seront toûjours, & qu'il n'y a nulle apparence que toutes ces pretenduës prédictions, & tout ce déluge de feu dont on nous a tout menacé, soient autre chose qu'une pure chimere : *Ex quo enim patres dormierunt omnia sic perseverant ab initio creaturæ.*

2. Pet. 3. 3.

D'autres ſeducteurs au contraire s'érigeront en Prophetes, & imposeront à pluſieurs : ils ſe porteront pour le Chriſt, ils diront que les temps prédits ſont arrivez, & qu'on ait à les reconnoître ; & ils abuſe-
Mat. 24. 5. ront un grand nombre de perſonnes : *Multi pſeudopro-*
13. *phetæ ſurgent, & ſeducent multos : dicentes : ego ſum Chri-*
ſtus, & tempus appropinquavit, & multos ſeducent.

Ces faux Chriſts, & ces faux Prophetes confirmeront leurs erreurs par de grands miracles, & par des prodiges ſurprenans, capables de ſeduire, s'il étoit poſſible, les Elus mêmes : *Surgent enim pſeudo-Chriſti, & pſeudo-Prophetæ, & dabunt ſigna magna, & prodigia, ita ut in errorem inducantur, ſi fieri poteſt, etiam electi.*

Satan ſera délié, il ſortira de ſa priſon, & il ſe-
duira les Nations qui ſont aux quatre coins du mon-
Apo. 2. 3. de : *Solvetur Satanas de carcere ſuo, & exibit, & ſedu-*
cet gentes quæ ſunt ſuper quatuor angulos terræ.

L'homme de peché paroîtra, le fils de perdition, qui s'oppoſera & ſe mettra au deſſus de tout ce qui eſt apellé Dieu, ou qui eſt adoré, juſqu'à s'aſſeoir dans le Temple de Dieu, & à ſe montrer comme
2. Theſſ. 2. s'il étoit Dieu : *Revelabitur homo peccati, filius perdi-*
3. *tionis, qui adverſatur & extollitur ſupra omne quod dicitur*
Deus, aut quod colitur, ita ut in templo Dei ſedeat, oſtendens
ſe tanquam ſit Deus. Et ce ſera pour lors qu'on verra
la prophetie de Daniel pleinement accomplie, c'eſt
à dire l'abomination de la deſolation dans le lieu ſaint,
Dan. 11. 13. *abominationem deſolationis in loco ſancto.* Le ſacrifice per-
petuel ceſſera : pluſieurs ſe ſcandaliſeront, l'iniquité
abondera, la charité ſe refroidira, la foy s'obſcurcira

& à peine le Seigneur en trouvera-t-il ſur la terre quand il viendra : *Auferetur juge ſacrificium ; ſcandaliſabantur multi ; abundabit iniquitas ; refrigeſcet charitas multorum ; Filius hominis veniens putas inveniet fidem ſuper terram ?* Tels ſeront les derniers états de l'Egliſe affligée par l'Antechriſt : Abraham, dit ſaint Auguſtin, qui treſſaillit de joye a la vuë du jour de Jeſus-Chriſt, fremit d'horreur à la vûë des jours de l'Antechriſt : *Afflictio civitatis Dei qualis antea nunquam fuit, quæ ſub Antichriſto futura ſperatur, ſignificatur tenebroſo timore Abrahæ circa ſolis occaſum, id eſt appropinquante jam fine ſæculi :* On mettra en uſage contre les fidelles des tourmens tres-grands & juſqu'alors inoüis : *Novis & inuſitatis, maximiſque perſecutionibus*, continuë ſaint Auguſtin, & afin d'ébranler la conſtance & la foy des Martyrs, on joindra aux ſupplices les plus cruels, des preſtiges les plus ſeduiſans : *Quæ erit illa mentis humanæ tentatio*, dit ſaint Gregoire, *quando pius Martyr, & corpus tormentis ſubjicit, & ante ejus oculos, tortor miracula facit : quando is qui flagellis cruciat, ſignis coruſcat.*

De Civ. 16. 22.

L. 20. 8.

Moral. 32. 1. 12.

Enfin Jeſus-Chriſt qui nous exhorte par tout au martyre, & à ne point craindre les perſecutions, ny les perſecuteurs, nous conſeille de prier ſans ceſſe afin de meriter la grace de ne point nous trouver dans ces temps malheureux qui depuis la creation du monde n'ont jamais eu, & n'auront jamais de ſemblables : *Itaque vigilate omni tempore orantes, ut digni habeamini fugere iſta omnia quæ futura ſunt. Erunt enim dies illi tribulationes tales quales non fuerunt ab initio creaturę qaam condidit Deus uſque nunc, neque fiet.*

Luc. 21. 36.

Marc. 18. 19.

A tant de maux ſpirituels, joignez les maux temporels qui les acompagneront. La terre ſera ébranlée juſques dans ſes fondemens, par de grands tremblemens qui ſe feront ſentir en divers lieux : *Et terræ motus magni erunt per loca :* l'air ſera infecté par des exhalaiſons chaudes & ſulphurées qui cauſeront une peſte generale, & une mortalité infinie : La famine qui ſuit ces ſortes de maux, ne fera pas un moindre ravage, *& erunt peſtilentię & fames.* Mais quel ſera le deſordre des élemens ? La terre par ſes tremblemens, & ſa ſterilité; la mer par ſes mugiſſemens, & l'agitation de ſes flots : *prę confuſione ſonitus maris & fluctuum :* l'air par ſes meteores effrayans; *terroreſque de Cœlo, & ſigna magna erunt :* Le Ciel par divers ſignes étranges qui paroîtront dans le Soleil, la Lune & les Etoiles : *erunt ſigna in Sole, & Luna, & Stellis.* Toutes ces choſes enſemble cauſeront une telle épouvente que les hommes en ſecheront de crainte & d'effroy, dans l'attente de ce que devra enfanter un tel cahos : *Areſcentibus hominibus prę timore & expectatione quę ſupervenient univerſo orbi.* Enfin un feu d'une activité prodigieuſe ſe répandant au dehors, s'attachera premierement à la terre & la brûlera, avec tous ſes ornemens, les plantes, les arbres, & les édifices, qui la decorent, & la diverſifient, pour n'en faire qu'une maſſe de charbon & de cendre : *Terra autem, & quę in ipſa ſunt opera, exurentur, igni reſervata in die judicii.* Les autres élemens auront le même ſort, & la flâme qui s'élevera des lieux bas aux lieux élevez, les conſumera tous par ſes ardeurs : *Elementa verò ignis calore ſolventur.*

tabeſcent : Elementa ignis calore ſolventur. Quel horrible ſpectacle ! de là, cet incendie univerſel faiſant denouveaux progrez, embraſera les Cieux, ou ces ſpheres immenſes qui roulent ſur nos teſtes, en ſorte que comme un Palais dont le feu monte des étages d'enbas, juſqu'à la couverture, & fait tomber peſle-meſle les chevrons à demi brûlez avec tout ce qui s'y trouve de combuſtible, ainſi toutes les parties de ce vaſte univers en feu, détachées de leur place, s'afaiſſeront les unes ſur les autres, & cauſeront un embraſement épouventable : *Cœli autem qui nunc ſunt eodem verbo repoſiti ſunt, igni reſervati in die judicii, in quo cœli magno impetu tranſient : per quem cœli ardentes ſolventur.* Pour lors le Soleil perdra ſa clarté, la Lune s'obſcurcira, & les Etoiles éteintes tomberont en terre : *Sol obſcurabitur, & Luna non dabit lumen ſuum, & Stellæ cadent de Cœlo.* O Dieu, quelle étrange cataſtrophe! Croyez, Chrétiens, croyez, s'écrie ſaint Auguſtin, ſi vous étes Chrétiens, que ſi vous ne croyez pas, ne vous flâtez pas d'être Chrétiens : *Fratres ſi Chriſtiani ſumus, credamus, ſi non credimus, nemo ſe fingat Chriſtianum.* Telle a été la foy des premiers temps, comme elle l'eſt des derniers ſiecles, & inutilement les infidelles ont-ils autrefois tourné à crime une telle croyance : *quid, quod toti orbi, & ipſi mundo cum ſideribus ſuis, minantur incendium, ruinam moliuntur, quaſi aut naturę divinis legibus conſtitutus æternus ordo turbetur : aut rupto omnium eſſe elementorum fœdere, & cœleſti compage diviſa, moles iſta, qua continetur & cingitur, ſubruatur,* liſons-nous dans l'Octavius de Minutius Felix. Au reſte tout cecy mot à mot eſt la

parole de Dieus, & l'esprit humain n'a aucune part dans cette description.

Il est impossible que ces grandes considerations n'impriment de grands sentimens, & qu'ils ne fassent prendre des serieuses resolutions, l'Ecriture même les propose, & les inspire sur ce sujet.

1°. De vous détacher de toutes les choses du siecle present, puisqu'enfin elles periront un jour avec luy, & que les pecheurs periront pour jamais avec elles. *Cùm igitur hæc omnia dissolvenda sint*, dit l'Apôtre saint Pierre, *quales oportet vos esse in sanctis conversationibus, & pietatibus.* Ce que vous aimez à present, à quoy vous servira-t'il, mon cher frere, dit saint Augustin, *ad tempus quod amas quid proderit?* ou il vous quittera, ou vous le quitterez : *Aut subducetur tibi, aut subduceris illi.* Quand il vous quittera, ce que vous aimez perira : quand vous le quitterez, vôtre amour perira. *Cùm fuerit substractum, perit quod amasti : cùm fueris substractus, perit ipse amor*; & par consequent, ou il faut necessairement que l'objet aimé perisse, ou celuy qui l'aime, il ne faut pas aimer : *Ubi ergo aut amator perit, aut quod amatur, non est amandum.*

2°. De detester le peché, & de vous éloigner de la societé des pecheurs : puisque le même Apôtre nous enseigne, que la destruction du monde sera la punition de l'un & de l'autre : *Cœli autem qui nunc sunt, igni reservati in die judicii, & perditionis impiorum hominum.*

3°. De faire penitence, parce que le Seigneur, dit saint Paul, a choisi un jour auquel il jugera l'univers.

Nunc annuntiat omnibus hominibus, ut omnes ubique pœnitentiam agant, eo quod ſtatuit diem, in quo judicaturus eſt orbem in æquitate. Craignez le Seigneur, dit un Ange, & rendez-luy la gloire qui luy eſt duë, parce que l'heure de ſon Jugement approche : *Timete Dominum, & date illi honorem, quia venit hora judicii ejus.*

4°. De vous ſanctifier de plus en plus, ayez vos reins ceints, par le retranchement des convoitiſes, & vos lampes allumées par la pratique des vertus, toûjours prêts d'aller au devant du Seigneur. *Satagite immaculati, & inviolati ei inveniri properantes in adventum diei Domini.* Parce qu'enfin tous ces deſaſtres qui devanceront le Jugement, quelque grands qu'ils paroiſſent, ne ſont que les commencemens des plus grandes calamitez qui les ſuivront. *Initia dolorum hæc : ſed nondum ſtatim finis* : ſemblables aux fruits de la premiere ſaiſon, qui annoncent la venuë prochaine de la recolte. *Videte arbores cùm producunt jam ex ſe fructum, ſcitis quia propior eſt æſtas : ita & vos cùm videritis hæc omnia fieri, ſcitote quia propè eſt in januis.* Malheureux monde, de qui les ruines ſont des fruits, dit ſaint Gregoire, que pretendons-nous donc en recueillir ? *quia fructus mundi, ruina eſt.*

SECONDE CONSIDERATION.

L'appareil du Jugement.

Les Cieux étant donc détruits, les luminaires éteints, les Etoiles obſcurcies, les Elemens brûlez, le

Globe terreſtre devenu une maſſe de cendre, & de charbon, dans ce débris general de toute la nature, voicy les preparatifs du Jugement general qui vont paroître :

1°. Premierement pluſieurs Anges envoyez du Seigneur feront retentir par tout l'Univers un bruit effroyable de trompettes, & de voix éclatantes, *mittet*
Mat. 24.31. *Angelos ſuos cum tuba, & voce magna.* Les Juifs ſe ſervoient de ces inſtrumens pour annoncer les fêtes, pour convoquer le peuple, & pour s'animer au combat : Or c'eſt ici la grande fête du monde, l'aſſemblée du genre humain, & le jour des combats du Seigneur : à ce bruit ſi ſurprenant, comme à un premier coup, tous les hommes ſe réveilleront du ſommeil de la mort, & ſortiront de leurs tombeaux.

Quel ſpectacle étonnant ? Quels étranges mouvemens ? Voir un nombre infini de corps ſortir de terre ; voir des os ſe rejoindre aux os, des chairs couvrir ces os, des pieds s'unir aux jambes, des bras aux corps, des membres à la tête, & former des hommes parfaits tels qu'ils étoient avant leur mort ! quelle ſurpriſe d'entendre le ſon de ces trompettes reſonner en un inſtant par tout le monde ! car il y aura pluſieurs Anges, & pluſieurs trompettes, dit ſaint Chryſoſtome, *Apoſtolus oſtendit multas eſſe tubas:* D'entendre la voix de ces Anges précurſeurs de l'avenement du juſte Juge : *mittet Angelos ſuos cum tuba & voce magna :* qui diront hautement ces paroles, ou ſemblables, leſquelles frapoient ſans ceſſe aux oreilles de ſaint Jerôme : Levez-vous morts, ſortez de vos tombeaux, le Seigneur le commande : venez au Jugement, *ſurgite mortui : venite ad judicium.* La mort elle-même ſera ſurpriſe à un tel cri, & toute étonnée en fremira : *Mors ſtupebit & natura cùm reſurget creatura judicanti reſponſura.* Car, ainſi qu'aſſure ſaint Paul, en un moment en un clin d'œil, au premier coup de la trompette, les morts reſſuſciteront : *In momento, in ictu oculi, in noviſſima tuba, canet enim tuba, & mortui reſurgent incorrupti, & nos immutabimur.* Cor 15. 52.

2°. A ces voix imperieuſes des Anges, & à ces ſons éclatans de leurs trompettes, tous les hommes reſſuſcitez, & ſortis de leurs ſepulchres, accourront en foule des quatre coins du monde, de l'Orient & de l'Occident, du Nord & du Midi, pour ſe trouver au rendez-vous general du genre humain, & à la grande aſſemblée de tous les hommes : *Tuba mirum ſpargens ſonum per ſepulchra regionum, coget omnes ante thronum* ; pour ſe rendre à cette celebre vallée de Joſaphat, où le Seigneur convoquera toutes les Nations ſelon le Prophete : *Quia ecce in diebus illis, & in tempore illo, congregabo omnes gentes & deducam in vallem Joſaphat, & diſceptabo cum eis.* Quelle frayeur ne ſaiſira pas pour lors le cœur des pecheurs ? & qui dans ce dernier jour peut ſe flater d'être en aſſurance ? *Quantus tremor eſt futurus, quando judex eſt venturus cuncta ſtrictè diſcuſſurus.* Car c'eſt pour lors que les Roys de la terre, les Princes, & les Tribuns, les Riches, & les puiſſans, les libres, & les eſclaves, les grands, & les petits, voudront ſe cacher, s'ils pouvoient, dans des cavernes obſcures, & qu'ils s'écrieront : O monta-

gnes, ô rochers, cachez-nous de devant la face de celuy qui est assis sur le Thrône, & dérobez-nous à la colere de l'Agneau. *Et dicunt montibus, & petris cadite super nos.* Mais jnutilement, car cette immense & comme infinie multitude d'hommes assemblez sur le Globe terrestre, dont toute la superficie ne sera que cendre & charbon, tremblans de frayeur dans l'attente de ce qui va paroître, leveront enhaut leurs yeux étonnez: *Levate capita vestra*, dit le Sauveur luy-même, parlant de cette heure-là, en laquelle un Archange, que saint Chrysostome croit devoir être saint Michel, fera de nouveau, & pour la seconde fois resonner dans les airs une trompette d'un son incomparablement plus éclatant que celuy des Anges precedens, & d'un ton de voix plus fort, il commandera que tous les hommes soient prêts, parce que le
1. Thess. 4. 15. Juge Souverain va descendre: *Quoniam ipse Dominus in jussu, & in voce Archangeli, & in tuba Dei descendet de cœlo.*

TROISIE'ME CONSIDERATION.

L'Avenement du juste Juge.

Cet Archange précurseur paroissant donc le premier dans cet éclat, & dans cette autorité, sera bien-tôt suivi de toute l'Eglise triomphante, dont l'Ecriture nous fait encore la suivante description: elle nous dit:

1°. Que l'avenement du Seigneur sera semblable à

un éclair qui brille en un instant de l'Orient à l'Occident : *sicut enim fulgur exit ab Oriente, & paret usque in Occidentem, ita erit & adventus Filii hominis.* Mat. 24. 27

2°. Qu'il paroistra dans un corps resplendissant de gloire, & de splendeur, auprés duquel le Soleil n'est que tenebres, & qu'obscurité. *Erubescet Luna, & confundetur Sol, cùm regnaverit Dominus exercituum, & fuerit glorificatus.* Isa. 42. 23. Et en effet, si les Saints, selon le Sage, doivent alors reluire comme ces astre, *fulgebunt justi tanquam sol* : que sera ce du Saint des Saints ?

3°. Qu'il viendra environné de tous les Esprits bienheureux, *cùm venerit Filius hominis in majestate sua, & omnes Angeli ejus cum eo*; des Anges, des Archanges, & de toutes les puissances celestes.

4°. Qu'il sera accompagné de la nombreuse multitude des bien-heureux qui peuplent le Ciel : le voilà qui vient avec des millions de Saints pour juger la terre, dit un des premiers Prophetes du Monde : *Ecce venit Dominus in sanctis millibus facere judicium.* Jud. Les Patriarches, les Prophetes, en un mot de tous les Saints du Paradis.

5°. Qu'on le verra venir au milieu des airs, ce Juge des vivans & des morts, entouré de nuées : *Videbitis Filium hominis venientem in nubibus cœli* : en s'en allant de la Terre au Ciel le jour de son Ascension, un nuage le déroba aux yeux des assistans : *& nubes suscepit eum ab oculis eorum*, en venant du Ciel en Terre, un nuage le rendra aux yeux des hommes : *sic veniet quemadmodum vidistis euntem in Cœlum.* Le Prophete Daniel l'avoit vu en esprit dans cet état : je regardois, dit-il, pendant la nuit, *aspiciebam in visione noctis :* Et voilà comme le Fils de l'homme qui venoit sur les nuées du Ciel : *Et ecce cum nubibus cœli quasi Filius hominis.*

Quel spectacle encore une fois, de voir descendre des lieux les plus hauts dans un ordre admirable, toutes les hierarchies celestes, les Anges, les Archanges, les Principautez, les Puissances, les Vertus, les Dominations, les Thrones, les Cherubins, les Seraphins : Quel spectacle étonnant de voir venir les chœurs des Saints dans leur rang, avec une pompe sans égale : les Patriarches, les Prophetes, les Apôtres, les Martyrs, & toute la multitude infinie des Bien-heureux ! qui ne seroit étonné de les considerer descendre & se ranger dans les airs à droit & à gauche, depuis le haut du Ciel jusques sur la surface de la terre, chacun dans la place qui luy est destinée, & tous en silence, & dans un éclat de gloire, incomparable ? Quel respect cela n'imprime-t'il pas ? Joignez à cette idée le Souverain Juge, qui sera comme le centre de toute cette majestueuse assemblée, & qui répandant la lumiere par tout & sur tous, s'asseoira dans un Thrône de gloire comme dans un lit de Justice, arbitre souverain du sort de tous les Anges & de tous les hommes. Qui pourra soutenir cette image sans effroy ? *Cùm venerit Filius hominis in majestate sua, & omnes Angeli ejus cum eo, tunc sedebit super sedem majestatis suæ.* Le Prophete qui l'avoit vu dans cet état glorieux, nous dit que son Thrône sera brillant comme une vive flâme de feu : *Thronus ejus sicut flamma ignis.*

Mais

Mais voicy quelque choſe qui ſurprendra bien encore d'une étrange maniere, & qui produira des effets merveilleux : la Croix, comme l'étendart de cette formidable armée, paroîtra dans les airs, & ſera placée comme ſur un nuage, & expoſée aux yeux de tous les ſpectateurs : *Tunc parebit ſignum Filii hominis in Cœlo.* A cet aſpect un cri general s'élevera, & toutes les Tribus de la terre ſe laiſſeront aller aux pleurs & aux ſanglots, tout retentira de regrets, de clameurs, de gemiſſemens, & de larmes : *& tunc plangent omnes tribus terræ.* Car on ne peut dire les divers mouvemens que cette croix ainſi expoſée cauſera dans les cœurs : *Hoc ſignum crucis erit in Cœlo cùm Dominus ad judicandum venerit*, ainſi que chante l'Egliſe.

Enfin, quelle ſera cette aſſemblée où tous les hommes ſans exception comparoîtront devant le tribunal du juſte Juge : tous ces anciens peuples que nous ne connoiſſons plus que par l'Hiſtoire ; ces Chaldéens, ces Babyloniens, ces Egyptiens, Aſſyriens, Medes, Perſes, Parthes, Grecs, Romains, & tant d'autres Nations, qui depuis la creation du monde juſqu'à la fin des ſiecles auront habité ſur la terre, & qui compoſeront comme une Armée immenſe, & infinie de toutes ſortes de peuples, de langues, de Tribus, de Nations, de condition, & de ſexe, pour rendre compte chacun en particulier de tout ce qu'on aura fait pendant cette vie. Voir tant d'Empereurs, de Roys, de Princes, de Pontifes, de Prêtres, de Miniſtres des choſes ſaintes & prophanes, de Tribuns & de Juges. Mais que dire de cette troupe innombrable de Demons, qui paroîtront en ce dernier jour, pour écouter leur sentence définitive, & être renvoyez avec les hommes réprouvez, & qu'ils ont seduits, dans les flammes éternelles qui leur sont preparées ?

QUATRIE'ME CONSIDERATION.

La Rigueur du compte qu'il faudra rendre.

Il est certain que Jesus-Christ possede éminemment toutes les qualitez d'un Juge parfait : la sainteté consommée, le pouvoir absolu, le pur zéle de la Justice, la lumiere de la plus pénétrante sagesse, étant la verité même subsistante, à laquelle rien n'est caché: comme il a voulu se soumettre au jugement des hommes en la personne de Pilate, le plus injuste des Juges, & à celuy des Juifs animez par les demons, il a merité que Dieu l'ait établi Juge des hommes. De plus, étant de l'ordre que les criminels voyent leur Juge, & les réprouvéz ne devant jamais voir la Divinité, dont ils ne pourroient même soutenir l'éclat, ils verront Jesus-Christ quant à son humanité : enfin il est de la sagesse de celuy qui par ses travaux & ses souffrances a acquis des biens aux hommes de les leur dispenser luy-même, ce qui ne se peut avec équité que par voye d'examen & de jugement, lequel par consequent luy appartient de droit; & qu'ainsi chacun reçoive de la main de ce juste Juge selon son merite, & dans son degré, ou la loüange ou le blaſme, ou la recompenſe, ou le châtiment. Au reſte, il ne faut pas demander pourquoy il y aura un Jugement general, puiſqu'il y en aura eu un en particulier : car les bonnes & mauvaiſes actions ayant de longues ſuites, & divers effets, il faut pour en voir bien toute la valeur, ou toute l'iniquité, attendre la fin de tout : il faut que la providence, ſi ſouvent blâmée par les impies, ſoit juſtifiée aux yeux de l'univers : il faut que les bons, ſouvent opprimez en cette vie, ſe conſolent par cette penſée, qu'un jour viendra où tout ſe verra, & où l'on rendra juſtice à tout le monde, ſans acception de perſonne : il faut que le corps complice du mal & du bien, ſoit puni ou recompenſé auſſi bien que l'ame. Il eſt donc neceſſaire, qu'outre le jugement particulier, il y en ait un general, afin de faire paroître à tout le monde la Juſtice de Dieu ; de charger les pécheurs d'une honte publique ; de couronner les bons à la face de toutes les creatures ; de faire éclater l'autorité de Jeſus-Chriſt, qui tiendra le ſort du genre humain entre ſes mains.

Voicy donc ce que l'Ecriture nous apprend de la procedure judiciaire de ce grand & dernier Jugement.

1°. Premierement le Juge Souverain ſera aſſis dans un Thrône majeſtueux, entouré de ſes Anges, & ayant à ſes côtez les Apôtres & les Saints, dont le nombre eſt marqué ſous celuy de vingt-quatre Vieillards aſſis auſſi dans des Thrônes, comme aſſeſſeurs du ſouverain Juge, & ne formant avec luy qu'une même chambre de juſtice, ſi l'on peut parler ainſi.

2°. En second lieu, on presentera des livres, & on les ouvrira, & il y en aura un particulier nommé le livre de vie : *Et libri aperti sunt*: qui doute que cette multitude ne regarde les réprouvez ? *& alius liber qui est vitæ* : & que celuy-cy ne contienne le nom des seuls Elus ? C'est dans ces livres où par un effet de la sagesse, & de la puissance Divine, on verra dans un clin d'œil tout ce qui doit servir à la réprobation ou à la justification des hommes : *Et libri aperti sunt, & alius liber apertus est qui est vitæ, & judicati sunt mortui ex his quæ scripta erant in libris secundùm opera eorum.* L'Eglise instruite de ces grandes veritez, les chante sans cesse dans ses Offices : *Liber scriptus proferetur, in quo totum continetur, unde mundus judicetur.*

3°. Tous les hommes presens à ce spectacle, attentifs, & dans un silence profond, seront devant le Thrône: *& vidi mortuos magnos & pusillos, stantes in conspectu Throni.* Car il faut, dit l'Apôtre, que tous les hommes comparoissent devant le Tribunal de Jesus-Christ, afin qu'ils y rendent compte de ce qu'ils auront fait, soit de bien, soit de mal, pendant qu'ils étoient en ce monde: *omnes enim nos manifestari oportet ante tribunal Christi, ut referat unusquisque, &c.* Et chacun d'eux lira dans ces livres ouverts, distinctement, & en un moment, toute sa vie : car ce qui se fait au delà du temps, se fait independamment du temps; ce qui se voit dans la lumiere de Dieu, se voit sans obscurité, & sans ambiguité, & l'accusation porte avec elle la conviction. Qui sera icy en assurance ? qui peut se confier que son nom est écrit au livre de vie ? qui mene une vie assez pure, assez innocente, assez chaste, assez détachée, assez penitente, pour croire qu'il est mis au rang des Apôtres, des Martyrs, & des Saints? qu'il est associé à ceux qui ont crucifié leur chair, leurs vices & leurs convoitises? au contraire, qu'il y a sujet de craindre, que vous ne soyez écrit parmi les orgueilleux, les luxurieux, les tiedes, les impies, & les autres pécheurs, lesquels par leurs crimes ont crucifié Jesus-Christ: *Deleantur de libro viventium, & cum justis non scribantur.* Que si vous disiez: ô Ange du Seigneur, mon nom n'est-il point écrit dans ce livre? n'y a-t-il point quelque méprise? ne m'a-t on point oublié? on vous répondra: voyez vous-même: cherchez: vous n'étes en aucun endroit; car seriez-vous parmi les Apôtres qui ont tout quité pour Jesus-Christ? parmi les Martyrs qui ont tout souffert pour Jesus-Christ? parmi les Vierges qui ont tout immolé pour Jesus-Christ? parmi les Penitens qui ont tant pleuré pour recouvrer Jesus-Christ? Vous n'étes en aucun lieu, & il ne vous reste plus que d'occuper un rang parmi les pêcheurs, puisque que celuy qui ne s'est pas trouvé écrit au livre de vie, sera jetté dans l'etang de feu: *Et qui non inventus est in libro vitæ scriptus, missus est in stagnum ignis.* Ah Dieu! quel desespoir!

4°. Les accusateurs, qui sont parties necessaires dans une procedure juridique, paroistront aussi, & accuseront les criminels: les gens de bien opprimez par la violence des méchans, se plaindront hautement des vexations qu'ils ont souffertes: *stabunt justi in magna constantia adversus eos qui se angustiaverunt.* Juste Juge, diront-ils, nous demandons vengeance de ce malheureux homme qui par une force majeure, par ſes rapines & ſes extorſions, par ſon credit, & ſon autorité, nous a arraché le pain de la main, & nous a reduit à la mendicité : je demande juſtice, dira une pauvre veuve, contre cet homme artificieux & violent, qui m'a impitoyablement chaſſée de ma maiſon & s'eſt emparé de mon heritage, pour agrandir ſes poſſeſſions : je demande juſtice, dira un mari outragé, contre cette infame adultere, qui m'a ravi l'honneur, qui a ſouillé ma couche conjugale, & qui m'a jetté dans le deſeſpoir : *Quia zelus & furor viri non parcet in die vindictæ.* Je demande juſtice, dira un homme égorgé, contre cet aſſaſſin, ce meurtrier, cet homicide, cet empoiſonneur, qui m'a inhumainement oſté la vie, & a répandu mon ſang, qui crie à preſent contre luy ; car ce jour icy eſt le jour des vengeances, & elles vous ſont reſervées, ô juſte Juge : je demande juſtice, dira une pauvre fille ſubornée, contre cet homme riche & ſenſuel, qui s'eſt prévalu de ma pauvreté & de ma ſimplicité pour me ſeduire. Il eſt vray ô juſte Juge, que je devois preferer la mort au peché, mais ſi je ſuis perduë pour m'être laiſſée aller au crime, celuy qui m'y a precipitée & entraînée demeurera-t-il impuni ? qu'il me rende le Dieu qu'il ma ravi, ou qu'il periſſe avec moy.

Que répondra l'homme coupable à tant de juſtes reproches ? que dira le Juge ? que diront les ſpectateurs, les Saints & les Anges ? que de ſanglots & de larmes !

Les demons se joindront à ces accusations atroces ; leur haine implacable contre les hommes leur en fera trouver de nouvelles. Juste Juge, diront-ils, il n'est pas de vôtre équité que cet homme sacrilege, orgueilleux, sensuel, charnel, avare, obtienne le salut, & que nous le perdions ; nous n'avons commis qu'un peché, & il en a autant commis qu'il a de cheveux à la tête : nous avons commis un peché de superbe, il en a commis & de superbe, & d'impieté, & de blaspheme, & d'impudicité : nous avons commis un péché de pensée, & il en a commis un nombre infini, & de pensées, & de desirs, & d'actions : vous ne nous avez donné qu'un moment pour nous reconnoître, il a eu plusieurs années pour faire penitence, & elles n'ont servi qu'à endurcir son cœur : vous vous étes revêtu de sa nature, & non de la nôtre : vous vous étes fait homme pour l'amour de luy, sans qu'il ait été sensible à tant de bien-faits : vous avez dit par vôtre Apôtre que ceux qui commettent de tels crimes, ne posséderont jamais le Royaume de Dieu : commandez donc qu'ayant été complice de nos crimes, il soit compagnon de nos supplices : ou sauvez-nous avec luy, ou condamnez-le avec nous. Mais un témoin encore plus irreprochable qui convaincra l'accusé, & l'accablera de douleur, sera sa propre conscience, qu'il ne pourra contredire ni desavouër : le peché commis imprime des caracteres ineffaçables dans l'ame du pecheur ; c'est une playe hideuse qu'il ne sçauroit couvrir. Le peché de Juda, dit le Prophete, est écrit avec une plume de fer, & une pointe de diamant, il eſt gravé ſur la table de ſon cœur : *peccatum Juda ſcriptum eſt ſtylo ferreo, in ungue adamantino, exaratum eſt ſuper latitudinem cordis eorum.* Malheur à moy qui voudrois me cacher, & qui ne le puis, dit ſaint Ambroiſe : *Væ mihi qui latere cupio, & latere non poſſum.* Comment le pourrois-je, puiſque je porte ſur mon front les marques honteuſes de mes iniquitez, & le ſujet viſible de ma condamnation ? *Quomodo enim latebo qui inſcripta in corpore meo gero meorum judicia peccatorum.* Mon peché a laiſſé ſur moy des veſtiges infames, dit ſaint Bernard : *Sed veſtigia fœda reliquit.*

Que deviendra pour lors le miſerable pecheur ? Que repondra-t-il au Juge, qui luy dira ce qu'on dit à ce Souverain Juge autrefois, lors qu'il voulut bien ſe ſoumettre au jugement des hommes, pour nous épargner la rigueur du Jugement de Dieu : *non reſpondes quicquam ? non audis quanta adverſum te dicunt teſtimonia ? vide in quantis te accuſant.* Mais quoy ! ſa bouche le condamnera ; ſon courage l'abandonnera ; ſes larmes ſeront inutiles, ſes amis muets, ſon Juge inexorable. Qu'allegueroit-il pour ſa deffenſe ? pourra-t-il croire que ſa dignité, s'il en a eu chez les Roys, & les grands de la terre, ſera de quelque conſideration devant le Roy du Ciel ? non ſans doute, car ce Seigneur ſuprême, & ce Juge équitable, ne fera diſtinction de perſonne. Les petits & les grands ſont également les ouvrages de ſes mains : le vice ou la vertu feront auprés de luy la difference des conditions, & donneront des objets differens à ſa haine ou à ſon amour : au contraire, comme les grands de la la terre ont plus receu que les autres, ils en ſeront plus reſponſables, & leurs pechez ayant été plus énormes, leurs châtimens n'en ſeront que plus rigoureux. Apportera-t-il pour excuſe, un méchant naturel, de mauvais exemples, des occaſions dangereuſes, de fortes tentations ? mais il ſera confondu par la comparaiſon qu'on fera de luy à pluſieurs autres, qui ſe ſeront ſauvez avec de moindres graces, & de plus grands obſtacles. La Reine de Saba s'élevera contre luy, & une femme par ſon ſexe, une Reine par ſa qualité, dans un climat plus oppoſé à la vertu, venuë des extremitez du monde pour écouter un mortel, condamnera ſon incredulité, pour n'avoir pas voulu écouter la verité même incarnée. Le Roy de Ninive, & tout ſon Peuple, revêtus de cilices, & couverts de ſacs & de cendre à la predication d'un Jonas, condamneront ſon impenitence, pour n'avoir pas voulu imiter celuy qui s'étoit revêtu du ſac de nôtre mortalité pour obtenir la remiſſion de nos péchez. Aura-t-il recours aux larmes, aux prieres, & aux promeſſes ? Invoquera-t-il les Saints, la Mere même de ſon Juge ? mais le Ciel eſt fermé pour luy, le temps de la miſericorde eſt paſſé, celuy de la juſtice eſt venu. Ses œuvres ſeules parleront en ſa faveur, ſes pechez ſeuls feront ſa condamnation : l'examen de ſa vie innocente ou coupable fera ſon ſalut ou ſa perte. Qu'il ſera rigoureux cet examen !

Car, 1°. Il rendra compte d'une parole oiſeuſe : *de verbo otioſo* : qui le croiroit, ſi le Juge même ne l'avoit dit ? que ſera-ce donc de tant de diſcours mauvais, oppoſez à la juſtice, à la pieté, à la religion, à la verité ? de tant de médiſances, d'imprecations, & de blaſphemes, de paroles deshonnêtes, & ſcandaleuſes ? de tant de libelles & de plaidoyez diffamatoires ? de livres heretiques, ſatyriques, impudiques, qui ont corrompu une infinité d'ames ?

2°. On luy demandera compte non ſeulement des actions exterieures, des larcins, des intemperances, des fornications, des adulteres, des inceſtes, des meurtres, des ſacrileges; mais des pechez interieurs, de ſes rancunes & de ſes haines du cœur; de ſes convoitiſes volontaires, & de ſes deſirs criminels; de ſes jugemens temeraires, de ſes intentions malignes; de ſon attachement deſordonné à l'argent.

3°. On déployera toutes les circonſtances infames de ſes crimes les plus honteux : ces artifices cachez; ces rendez-vous concertez; ces complots, & ces perfidies colorées : ces lubricitez dans leſquelles il s'eſt plongé ſans pudeur ny retenuë. L'obſcurité des nuits, ny les précautions les plus meditées, ne pourront empêcher qu'on ne mette au jour ce que les plus ſombres replis de ſon cœur auront conçu de plus noir. Quelle horrible confuſion, de paroître un abominable aux yeux des Saints, des Anges, & de Dieu même ! & d'être couvert d'un éternel opprobre, en la preſence du Roy de gloire !

4°. On luy fera rendre compte non ſeulement des pechez des commiſſion, comme des vols, des meurtres, des violences, mais des péchez d'omiſſion : d'avoir ſi mal rempli l'office de Prêtre, de Juge, de Pere, de Maître; d'avoir été cauſe par ſa négligence, ou ſon ignorance, de la ruine d'une famille, d'un peuple entier : d'avoir ſi mal élevé des enfans, de leur avoir inſpiré les maximes corrompuës du ſiecle, l'irreligon, la vengeance, l'ambition ; de ne les avoir ny repris ni corrigez; d'avoir ſcandaliſé des domeſtiques, negligé le ſoin de leur conſcience; d'avoir été un arbre ſterile, qui n'a porté aucun fruit, ny produit aucune bonne œuvre : de n'avoir jamais rempli ſes obligations à l'égard de Dieu, point de prieres, de pureté de conſcience, de foy, d'adoration, d'amour, de reconnoiſſance : à l'égard de l'Egliſe, nulle digne frequentation des Sacremens ; nulle aſſiſtance au ſervice divin; nulle obſervance de ſes commandemens, & de ſes loix; nulle ſoumiſſion à ſes déciſions & à ſes décrets : à l'égard du prochain, ny aumône, ny viſite de priſonniers & de malades, ni compaſſion des malheureux, ny conſolation des affligez, ni protection des foibles : à l'égard de ſoy-même, aucun progrés dans la vertu, aucune bonne habitude acquiſe, aucune mauvaiſe inclination extirpée : toûjours colere, toûjours emporté, toûjours indevot, toûjours impatient, toujours un grand pecheur. Les crimes ſe ſont commis un à un, mais accumulez enſemble, ils formeront une montagne énorme, une armée immenſe.

5°. On luy fera rendre compte non ſeulement de ſes propres pêchez, mais des pechez-d'autruy qu'il devoit & qu'il pouvoit empêcher, ou dans lesquels il a precipité les autres, par ses persuasions artificieuses, ses commandemens injustes, ses conseils pernicieux, ses mauvais exemples : cette malheureuse femme qui par ses attraits lascifs, ses discours libertins, ses luditez, ses intrigues, pour ne rien dire davantage, a été un piege funeste à un nombre infini de personnes qu'elle a entrainées dans le crime, & dans la damnation.

6°. Mais voicy quelque chose de plus surprenant : on luy demandera compte de ses justices, qui seront examinées & jugées aussi bien que ses pechez : comment il les a faites : ces promesses du Baptême, ignorées ou violées : ce saint Esprit rejetté : point de fidelité aux bonnes inspirations, point de contrition ny d'amendement de vie dans le Sacrement de Penitence : point d'amour dans la reception de l'Eucharistie : point de maceration, ni de jeûne : point de profit des graces, des bons exemples, des adversitez ; le peu de bien qu'il a fait se trouvera soüillé de mille défauts, & accompagné de plusieurs vices : point de bonnes intentions dans toute sa conduite. Enfin que deviendra-t-il ?

L'Apôtre nous assure, & l'Eglise le publie à haute voix, que le juste sera à peine sauvé, *Justus vix salvabitur.* 1. Pet. c. 4. v. 18. Qui dit un homme juste, dans la langue de l'Ecriture, dit un homme étably dans la grace de Dieu, dans le cœur duquel la grace du Seigneur est répanduë par le saint Esprit qui habite en luy : un homme orné de vertus, affermi dans l'humilité, la charité, la chasteté, la pieté, & dans les autres dons : un tel homme chargé de bonnes œuvres ſera à la verité ſauvé : *juſtus ſalvabitur* ; mais ce juſte ne ſera ſauvé qu'à peine : *juſtus vix ſalvabitur* : quel ſujet d'effroy pour cet impie & ce pecheur qui ſe trouve depoüillé de grace, & dénué de ſainteté, *impius & peccator ubi parebunt*? où ſe refugiera-t-il ?

Saint Jean Climaque rapporte, comme témoin, que de ſon temps, en un certain Monaſtere, il y avoit un Moine negligent en ſa vie, qui approchant de l'heure de la mort, fut long temps ravy en eſprit, & vit pendant ſon raviſſement la rigueur & la ſeverité épouventable qui s'exerce au Jugement de Dieu : revenu en ſanté, & par une providence particuliere ayant obtenu quelque eſpace pour faire penitence, il pria, dit ce Saint, tout ce que nous étions de Religieux auprés de luy, de ſortir de ſa Cellule, & en ayant fait murer la porte, il demeura dedans juſqu'au jour de ſa mort, qui n'arriva que douze ans aprés, ſans en ſortir, & ſans parler, ny prendre autre choſe durant tout ce temps-là, que du pain & de l'eau. Eſtant aſſis dans ſa Cellule, il étoit toûjours comme hors de luy-même, repaſſant dans ſon eſprit ce qu'il avoit vû dans ſon raviſſement : ſa penſée toûjours attachée à cet objet, & ſes yeux verſant continuellement des larmes, faiſoient aſſez connoître les mouvemens de ſon cœur. Enfin l'heure de ſa mort étant proche, nous rompîmes la porte qui avoit été murée dés le premier jour de ſa penitence : comme nous fumes entrez dans ſa chambre, tout ce que nous étions de

Moines dans ce desert, le priâmes avec instance de nous vouloir dire quelque parole d'édification; mais il se contenta de nous faire comprendre que quiconque auroit vû ce qu'il avoit vû, en auroit fait encore davantage.

Aprés cela, l'examen achevé, & toute cette terrible procedure consommée, tout vû, entendu, discuté, & fini; que restera-t-il, sinon de prononcer l'Arrêt décisif? mais avant d'en venir là, voicy une circonstance qui causera une étrange consternation, & de terribles mouvemens dans les esprits: des Anges par ordre du souverain Juge partiront d'auprés de son Thrône, pour separer les élus d'avec les réprouvez. Car il y aura deux momens, l'un de confusion, pour parler ainsi, auquel tous les hommes se trouveront indifferemment placez & mêlez ensemble bons & mauvais: lorsque le Fils de l'homme viendra dans sa majesté, dit Jesus-Christ luy-même, & tous les Anges avec luy: *Cùm autem venerit Filius hominis in majestate sua, & omnes Angeli cum eo*; pour lors il s'asseoira sur le Thrône de sa gloire, *tunc sedebit super sedem majestatis suæ*. Et toutes les Nations de la terre s'assembleront devant luy: *& congregabuntur ante eum omnes gentes*. Voilà le mélange de toutes les Nations ensemble. Voicy leur distinction. Les Anges iront separer les méchans du milieu des bons: *sic erit in consummatione sæculi, exibunt Angeli, & separabunt malos de medio justorum*. Ils les separeront les uns d'avec les autres, tout ainsi que le Pasteur separe les brebis d'avec les boucs: *Et separabit eos ab invicem, sicut pastor segregat oves* *ab hœdis* : Ils mettront les brebis à la droite du Juge, & les boucs à sa gauche, *& statuet quidem oves à dextris, hœdos autem à sinistris.* Quelle sera pour lors la désolation des réprouvez ? Quelle langue pourroit l'exprimer ? car il faut observer que quelque aversion que les méchans ayent des bons, & quelque guerre qu'ils leur fassent, cependant ils ont pour eux dans le fond du cœur de l'estime, de la veneration, & une secrette inclination qui les empêche de vouloir se separer d'eux. C'est ainsi que les habitans de Sodome conservoient dans leur ville le juste Loth, quoy qu'ils l'affligeassent & le persecutassent par leur vie infame, & leurs actions détestables : *Justum Loth oppressum cruciabant* : Que le demon même au livre de Job, se trouva dans l'assemblée des enfans de Dieu : que Judas vêcut parmi les Apôtres : & il est hors de doute que si les pécheurs portoient quelque signe exterieur qui les distinguât des justes, ils seroient en horreur à tout le monde, ils ne pourroient se souffrir eux-mêmes : que si l'on assembloit en un seul lieu les pecheurs, non pas de toutes les parties du monde, mais d'une ville seulement ; qu'on mît ensemble tous les impies, tous les blasphemateurs, tous les adulteres, tous les sorciers, magiciens, meurtriers, en un mot tous les pecheurs uniquement, sans y mêler aucun homme de bien ; ce seroit un enfer commencé qu'une semblable compagnie : ce seroit proprement une Synagogue de Satan : Mais que sera-ce, de voir les Anges faire cette derniere & totale separation des méchans d'avec les bons ? Quelle honte,

2. *Pet.* 2. 8.

& quelle ignominie pour les infortunez pecheurs ? Quel éclat de tonnerre quand ils entendront ces paroles foudroyantes que les Anges addresseront aux élus: retirez-vous de la societé de ces impies qui vont être
Num. 16. 26. engloutis : *recedite à tabernaculis hominum impiorum.* Separez-vous de l'assemblée de ces scelerats, afin qu'on les extermine. *Separamini de medio congregationis hujus, ut*
Ibid. 21. *eos repentè disperdam.* Ostez-vous du milieu de ces mal-
Ibid. 45. heureux , afin qu'on les perde. *Recedite de medio hujus multitudinis, etiam nunc delebo eos.* A ces effroyables menaces il semble que les réprouvez sentant leur perte prochaine , s'iront mettre tous effrayez au milieu des justes , comme pour y trouver un azile , mais fort inutilement : parce que les Anges les en chasseront ignominieusement: *Exibunt Angeli, & separabunt malos de medio justorum.* Hors d'icy, méchans, diront-ils, hors
Apoc. 22. 15. d'icy, impies : *Foris canes, impudici.* Vous parmi les gens de bien ? vous parmi les Saints ? hipocrites , scelerats ? vous avec les Apôtres , heretique incredule, Prêtre sacrilege ? vous avec les Martyrs , homme charnel & sensuel ? vous avec les Vierges , fille impudique , femme adultere, fornicateur infame , bouc abominable ? sortez, sortez, maudits de Dieu , de la compagnie des justes, & ne vous en approchez jamais. A ces mots & en un instant cette douloureuse separation se fera , & avec un bruit effroyable, les uns passeront à la droite du Juge , & les autres à la gauche. Mais helas ! combien cette separation sera-t-elle lamentable ! Quelle langue pourroit le dire, quel esprit le penser , quelle plume l'écrire !

Pleurez

Pleurez avec moy, s'écrie ſaint Ephrem, mes chers freres, & vous tous qui que vous ſoyez, ſi vous étes capables de verſer des larmes, & s'il vous reſte quelque choſe d'humain. *Plorate mecum, quicunque lacrymas atque compunctionem habetis.* Car lorſque je rappelle en mon eſprit, continuë ce grand Saint, le triſte & dernier jour auquel les hommes ſe ſepareront pour jamais des hommes, & ſe diront un éternel adieu: lors qu'ils ſe quitteront les uns les autres, pour ne ſe revoir jamais, & qu'ils ſeront en chemin ſans eſperance de retour; je vous avoüe, mes tres chers freres, que je ſuis ſaiſi de frayeur, & que les forces me manquent. Quel eſt le cœur aſſez dur pour ne pas s'amolir à cette triſte idée, & qui ſe repreſentera ſans répandre des larmes, cette derniere heure en laquelle on ſeparera pour toûjours les Evêques des Evêques, les Princes d'avec les Princes, les Prêtres d'avec les Prêtres, les Eccleſiaſtiques d'avec les Eccleſiaſtiques. Alors on verra ces pretendus grands courages de ce monde, pleurer comme des enfans, & traitez comme des eſclaves. Alors on verra les grands de la terre dans les gemiſſemens, & les lamentations, jettant leurs yeux abbatus de tous côtez, & ne trouvant par tout que des ſujets de douleur & d'angoiſſe. On les verra comme des criminels marchant au ſupplice, ſans ſecours qui les ſoûtienne, ſans Avocat qui les défende, ſans aucun rayon d'eſperance qui les conſole. Comme ils n'ont point eu compaſſion des malheurs d'autruy, perſonne n'en aura de leurs miſeres; ils ont abandonné les autres, ils ſe verront abandonnez à

Ser. Para. de 2. ad Do.

leur tour. Durs envers les indigens ils n'ont ſongé qu'à remplir leurs mains des fauſſes richeſſes pendant leur vie, comme ſi c'eût été des biens ſolides : ils les ouvriront dans cette derniere heure, dit le Prophete, & ils n'y rrouveront rien, parce qu'ils n'ont rien mis entre les mains du pauvre : *dormierunt ſomnum ſuum viri divitiarum, & nihil invenerunt in manibus ſuis, quia nihil poſuerunt in manibus Chriſti*, dit ſaint Auguſtin : Et on ne leur fera point miſericorde, parce qu'ils n'ont pas fait miſericorde : là les parens quitteront pour toûjours leurs parens, l'ami ſon ami, l'enfant ſon pere, l'époux ſon épouſe. Chaſſez de devant le tribunal du juſte Juge par des eſprits mal-faiſans, par des appariteurs affreux, ils tourneront triſtement la tête comme pour voir de loin quelque choſe de cette gloire qu'ils ont perduë, & de cette compagnie de bienheureux dont ils ſont exclus : ils entreverront quelques rayons de cette lumiere ineffable, de cette beauté celeſte preparée aux Saints : ils y diſtingueront leurs amis, & ceux qu'ils ont connu ſur la terre, & ils verront le bonheur dont ils vont joüir, & les recompenſes éternelles qu'ils recevront du Roy de gloire : enſuite ſe retirant peu à peu d'eux, & les perdant de vûë pour jamais, ils s'approcheront inſenſiblement de funeſte côté gauche pour y entendre leur ſentence définitive.

Et pour lors ſe voyant entierement abandonnez, & livrez au pouvoir des demons, il s'abandonneront aux cris, & aux larmes : à quoy nous ſervent à preſent, s'ecrieront-ils, ces joyes de la terre que nous avons préferées aux joyes du Ciel ? nous avons été sourds à la voix du Seigneur, qui vouloit nous détacher de ces biens perissables, le Seigneur est devenu sourd à la demande que nous luy faisons de nous accorder les biens éternels : nous avons détourné nos regards de dessus luy dans nôtre prosperité, il les détourne à present de dessus nous dans l'adversité. Où est le pere qui nous engendra, où est la mere qui nous mit au monde ? que sont devenus nos enfans, nos parens, nos amis, nos richesses ? *Ubinam qui nos genuit pater, ubi quæ nos peperit mater, ubi filii, ubi amici, ubi divitiæ* ? Où sont ces belles maisons, ces festins, cette magnificence qui brilloit dans la cour des Princes & des Puissans du siecle, dont il sembloit que nous attendissions le souverain bonheur ? aucun d'eux n'a pu nous procurer le salut, aucun d'eux ne peut empecher nôtre perte. Que ferons-nous donc, & à quoy nous resoudre ? la penitence est inutile icy ; les prieres ne sont plus écoutées ; les larmes sont infructueuses ; le Ciel est fermé ; il n'y a plus de Dieu pour nous. Adieu donc Saints & Saintes du Paradis. *Valete justi universi* : Adieu Apôtres, adieu Prophetes, adieu Martyrs, adieu Patriarches, adieu, ô croix precieuse, qui fûtes la source de la vie ! adieu Royaume du Ciel qui n'aurez jamais de fin ; adieu celeste Jerusalem, Cité des bienheureux ; adieu paradis de volupté, adieu & vous ô Mere de ce Dieu qui fut tant amateur des hommes : *vale etiam tu Domina Dei genitrix, mater amatoris hominum Dei.* Adieu pour jamais peres, meres, enfans, parens & amis, nous ne nous reverrons plus, adieu. Tel eſt le diſcours de ſaint Ephrem. Que reſtera-t-il de ce grand & terrible ſpectacle, & quelle en ſera la fin ? la voicy ſelon l'Ecriture : Jeſus-Chriſt étant donc élevé dans les airs, brillant de la majeſté digne du Fils de Dieu, aſſis dans un Thrône de gloire, environné des Anges & des Saints, les Elus à ſa droite, les Réprouvez à ſa gauche, toute la nature dans l'effroy, & tout le monde en ſuſpens, dans un ſilence profond & dans l'attente de ce qui va arriver : Pour lors ce ſouverain Juge, cet arbitre ſupréme du ſort des Anges & des hommes, ſe tournera premierement du côté droit vers les élus, & leur dira ces paroles conſolantes : Venez les benis de mon Pere, poſſedez le Royaume qui vous eſt preparé dés le commencement du monde : Puis ſe tournant du côté gauche, l'indignation ſur le viſage, il dira ces paroles foudroyantes aux réprouvez : Allez maudits au feu éternel qui eſt preparé au Diable & à ſes Anges : & en ce moment la terre s'entr'ouvrant engloutira pour jamais ces malheureuſes victimes de la colere de Dieu: *& ibunt hi in ſupplicium æternum, juſti autem in vitam æternam.*

FIN.

Septembre 1707.

www.ingramcontent.com/pod-product-compliance
Ingram Content Group UK Ltd.
Pitfield, Milton Keynes, MK11 3LW, UK
UKHW020502180726
13839UKWH00004B/1845

9 782329 556512